RAK

Random Acts of Kindness

333 IDEEN FÜR EINE BESSERE Welt

RAK

DER HYPE AUS DEM INTERNET

Random Acts of Kindness

ELISE DE RIJCK

PLAZA

EIN RAKTIVIST

ist ein Random-Acts-of-Kindness-Aktivist
(sprich: ein Superheld).

Jemand, der glaubt, dass man die Welt
durch gute Taten verändern kann.
Jemand, der andere daran erinnert,
wie viel Liebe in der Welt ist.
Jemand, der mit Worten und Taten inspiriert!
Jemand wie du?

HURRA, SCHÖN, DASS DU DIESES BUCH IN HÄNDEN HÄLTST.
NUN KANNST DU AUCH MITGLIED WERDEN IM „GEHEIMEN CLUB DER RAKTIVISTEN" (DEM BESTEN CLUB DER WELT) UND MITHELFEN, DIE WELT IN EINEN NOCH BESSEREN PLATZ ZU VERWANDELN. DENN DIESES BUCH FORDERT DICH, DEN RAKTIVISTEN, HERAUS, GUTE TATEN ZU VOLLBRINGEN. WENN WIR ALLE REGELMÄSSIG EINEN RAK VOLLBRINGEN, KÖNNEN WIR DIE WELT IN DIE RICHTIGE RICHTUNG STEUERN UND ICH DENKE, DASS DAS NOTWENDIG IST. FINDEST DU NICHT AUCH?

BEDENKE: DAS IST NICHT EINFACH NUR EIN BUCH. IN DIESEM BUCH ~~KANNST~~ musst DU ZEICHNEN, SCHNIPSELN, REISSEN UND ANMALEN. ICH WEISS, DASS ES UNÜBLICH IST, EIN BUCH ZU „ZERSTÖREN", ABER DENKE DARAN, DASS DU DURCH DEINE VERNICHTUNG SO RICHTIG VIELE MENSCHEN GLÜCKLICH MACHEN KANNST. UND DAS IST VIEL WERT, ODER? DENN EINE PERSON GLÜCKLICH ZU MACHEN KANN DIE WELT VERÄNDERN. VIELLEICHT NICHT DIE GANZE WELT, ABER EINE KLEINES STÜCK DAVON.

EINEN RAK ABGEHAKT? ZEICHNE EINEN SMILEY UM DIE ENTSPRECHENDE ZIFFER IM BUCH. DENN DER SMILEY STEHT FÜR DAS LACHEN, DAS DU AUF EIN GESICHT GEZAUBERT HAST. BESCHRÄNKE DICH NICHT AUF DIE IDEEN AUS DIESEM BUCH. WENN DU DICH AUFMERKSAM UMSCHAUST, WIRST DU BEMERKEN, DASS DU AUF VIELE ARTEN EINE MENGE RAKS AUSFÜHREN KANNST. ERGREIFE DIE CHANCE. DU SOLLST NICHT NUR ANDERE GLÜCKLICH MACHEN, SONDERN AUCH DICH SELBST.

TEILE DEINE RAK-MISSIONEN MIT DEN HASHTAGS #HETRAKBOEK UND #RAKTIVIST,
UM ANDERE ZU INSPIRIEREN, DAS GLEICHE ZU TUN.

WILLKOMMEN IM CLUB

X elise

(VORSITZENDE DES GEHEIMEN CLUBS DER RAKTIVISTEN)

DIESES BUCH GEHÖRT

Weltverbesserer, Glücklichmacher und Raktivist

THE WORLD IS FILLED WITH NICE PEOPLE,
IF YOU CAN'T FIND ONE, BE ONE.

Vereidigung

Steh' gerade und lies untenstehende Vereidigung mit erhobener Hand laut vor.

ICH GELOBE FEIERLICH, DASS ICH DIE WELT VERBESSERN UND SIE IN EINEN NOCH SCHÖNEREN PLATZ VERWANDELN WILL. ICH WILL ÜBERALL DORT, WOHIN ICH KOMME, EINE SPUR GUTER TATEN HINTERLASSEN UND DURCH „GOOD VIBES" DAS HERZ EINES JEDEN ERWÄRMEN, DER MEINEN WEG KREUZT. MIT DIESER VEREIDIGUNG GELOBE ICH, EIN WÜRDIGES MITGLIED **DES GEHEIMEN CLUBS DER RAKTIVISTEN** ZU SEIN UND MEINEN AUFTRAG VORBILDLICH ZU ERFÜLLEN. ICH WILL DIE MENSCHEN UM MICH HERUM GLÜCKLICH MACHEN UND ANDERE UM MICH HERUM INSPIRIEREN, DAS GLEICHE ZU TUN.

unterschreibe die Clubkarte

Diese Karte bleibt Eigentum **DES GEHEIMEN CLUBS DER RAKTIVISTEN** und kann aberkannt werden, wenn das Clubmitglied einen negativen Geist verströmt.

Unterschrift + smiley

Ausstattung

Ein Raktivist hat immer ein RAK-Kit mit folgendem Inhalt bei sich:

EINES RAKTIVISTEN

RAK-Buch

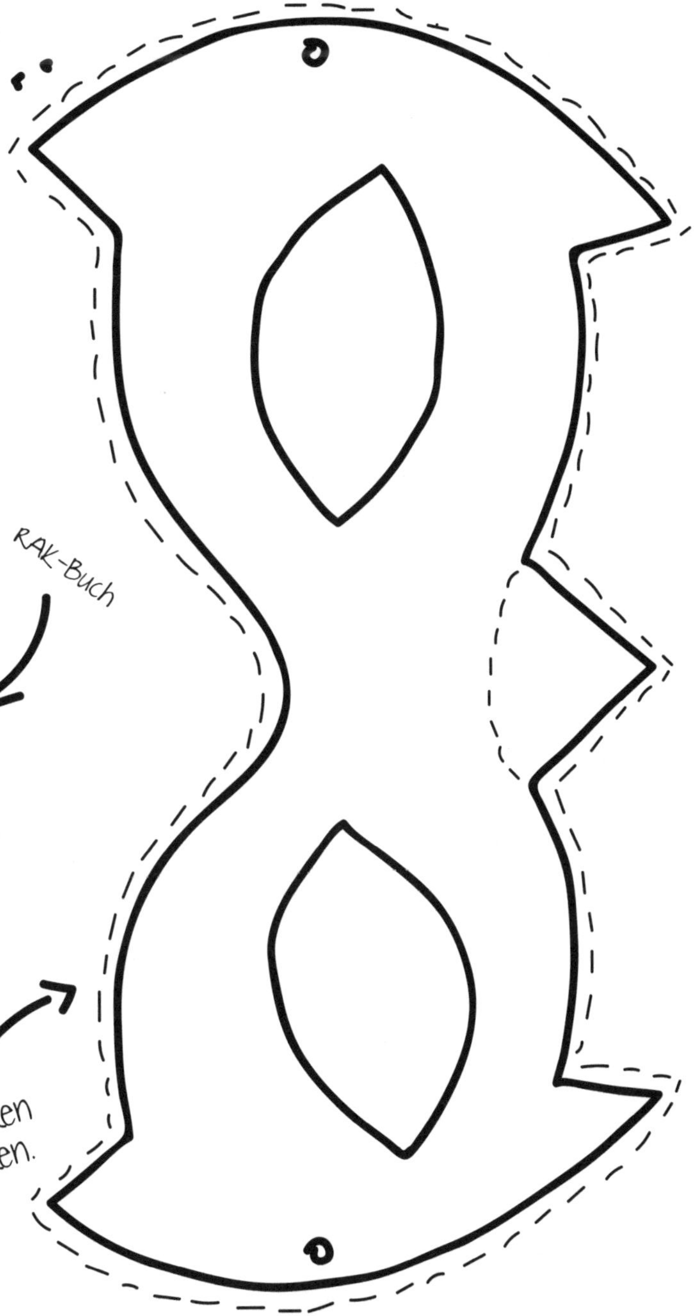

Eine Maske, die als Ver-
mummung bei geheimen
Aufträgen dienen kann.
Mit Konfetti und anderen
fröhlichen Dingen verzieren.

IF YOU THINK YOU ARE

TOO SMALL

to make a

DIFFERENCE

YOU HAVEN'T SPENT A

NIGHT WITH A MOSQUITO

WIE SIEHT DIE WELT AUS?

WIE SIEHT DIE IDEALE WELT AUS?

Kannst Du Dazu etwas beitragen?

VERVOLLSTÄNDIGE DEIN RAKTIVISTEN-OUTFIT

Ready, set, RAK!

~~GLÜCK~~RAKSKEKSE

REZEPT FÜR 12 KEKSE*

2 Eiweiss zu Schnee aufschlagen und mit 60 g Puderzucker, 60 g Butter und 70 g Mehl mischen. Gib 12 runde Kleckse Teig mit 8 Zentimeter Durchmesser auf ein Backpapier und backe das Ganze 7 Minuten bei 180 °C.

FALTE DIE KEKSE WIE AUF DIESER ZEICHNUNG. VERGISS NICHT, VORHER EINEN KLEINEN GLÜCKSZETTEL MIT EINEM SPRUCH IN DEN KEKS ZU LEGEN.

Beeile dich, bevor die Kekse hart werden.

*Das ist kein Kochbuch, aber du kannst sicher sein, dass die Glückskekse ungeniessbar sind.

1. Du bist leckerer als 3 Kugeln Eis mit Discokügelchen.

2. Ist das dein Foto bei „perfekt" im Lexikon?

3. Ein Leben ohne Dich ist …

4. Wäre doch jeder so wie Du: lieb, hübsch, ein bisschen verrückt.

5. Du bist so heiss, dass selbst Luzifer eifersüchtig ist.

6. Du bist cooler als die Power Rangers.

7. Du bist wichtiger als mein Smartphone.

8. In deiner Gegenwart ist alles schöner

9. Auf einer Skala von 1 bis leckere Kekse bist Du eine ganze Dose voller Kekse.

10. Du machst mich glücklicher als zwei Stunden länger schlafen.

11. WOW, dein Po sieht knackig aus in der Hose!

12. Du strahlst so hell, dass ich eine Sonnenbrille brauche.

you are
what you do,

not what you say you'll do.

13. UNTERSTÜTZE EIN KICKSTARTER-PROJEKT

Frag jemanden, wie ihr / sein Tag gewesen ist. 14.

15.

VERTEILE BALLONS AN KINDER.

16.

LEGE EIN HANDTUCH AUF DIE HEIZUNG, SOBALD DEIN MANN, DEINE FRAU, DEIN KIND, DEINE MAMA ODER DEIN PAPA IN DIE DUSCHE STEIGT, DAMIT ER / SIE SICH MIT EINEM WARMEN HANDTUCH ABTROCKNEN KANN.

Schreibe jemandem eine liebe E-Mail.

17.

18.

Bezahle das Bus-/Straßenbahn-Ticket für den nächsten in der Schlange mit.

19.

VERBRINGE „QUALITY TIME" MIT JEMANDEM, DEN DU MAGST.

Verstecke kleine Geschenke auf dem Spielplatz.

20.

ANWEISUNGEN

SCHRITT 1: SCHNEIDE DAS QUADRAT AUS UND LEGE ES MIT DER GESTRICHELTEN SEITE NACH OBEN VOR DICH HIN. FALTE 2 DIAGONALE LINIEN UND LEGE DAS QUADRAT OFFEN ZURÜCK.

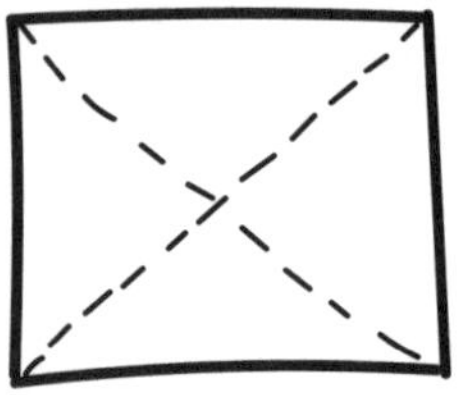

SCHRITT 2: FALTE DIE 4 ECKEN BIS ZUR MITTE. SIE BLEIBEN GESCHLOSSEN

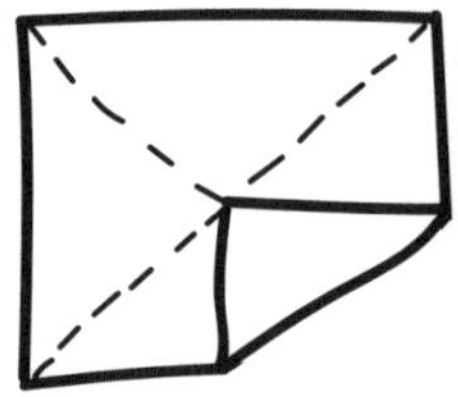

SCHRITT 3: DREHE DAS QUADRAT UM UND FALTE NOCH EINMAL DIE DIAGONALEN UND WIEDERHOLE DANACH SCHRITT 2.

jetzt sieht es so aus →

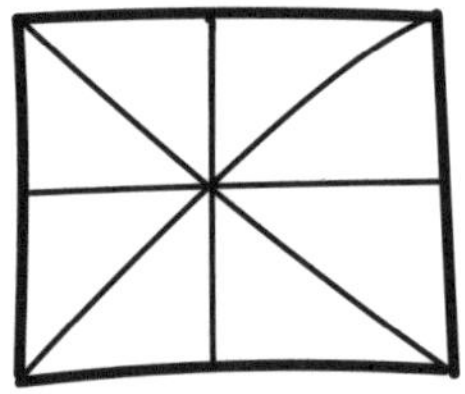

natürlich!

DREHE DAS GANZE UM UND HALTE DAS QUADRAT MIT 4 FINGERN, INDEM DU DIE LASCHEN HOCHKLAPPST. HAP, HAP, HAP! LASS JEMANDEN EINE NUMMER AUSSUCHEN UND ÖFFNE DAS QUADRAT ABWECHSELND VERTIKAL UND HORIZONTAL. JETZT KANN ER / SIE AUF EINE DER 4 ZEICHNUNGEN ZEIGEN. DER AUFTRAG LIEGT DARUNTER VERSTECKT.

← MENSCH

TIER →

← ANONYM

UMWELT →

Himmel und Hölle

Folge den Anweisungen

21. Gib deine leeren Batterien ab

22. Ruf einen guten Freund / eine gute Freundin an und frage, wie es ihm / ihr geht.

23. Sag etwas Positives über jemanden, während er / sie es nicht hört.

24. Lass dein Auto mal zu Hause.

25. Unterstütze eine PETA-Aktion

26. Ruf eine Service-Hotline an und sage, wie zufrieden du bist.

27. Übernimm von jemandem eine Aufgabe im Haushalt.

28. Lass eine Spinne frei.

Klebe diese **WICHTIGEN WARNSCHILDER** auf den Spiegel einer öffentlichen Toilette.

29.

WARNUNG:

DIE REFLEXION DIESES SPIEGELS KANN DURCH DAS VON UNSERER GESELLSCHAFT AUFERLEGTE SCHÖNHEITSIDEAL VERSTÖREND SEIN.

30.

WARNUNG:

DIE REFLEXION DIESES SPIEGELS KANN DURCH DAS VON UNSERER GESELLSCHAFT AUFERLEGTE SCHÖNHEITSIDEAL VERSTÖREND SEIN.

31.

WARNUNG:

DIE REFLEXION DIESES SPIEGELS KANN DURCH DAS VON UNSERER GESELLSCHAFT AUFERLEGTE SCHÖNHEITSIDEAL VERSTÖREND SEIN.

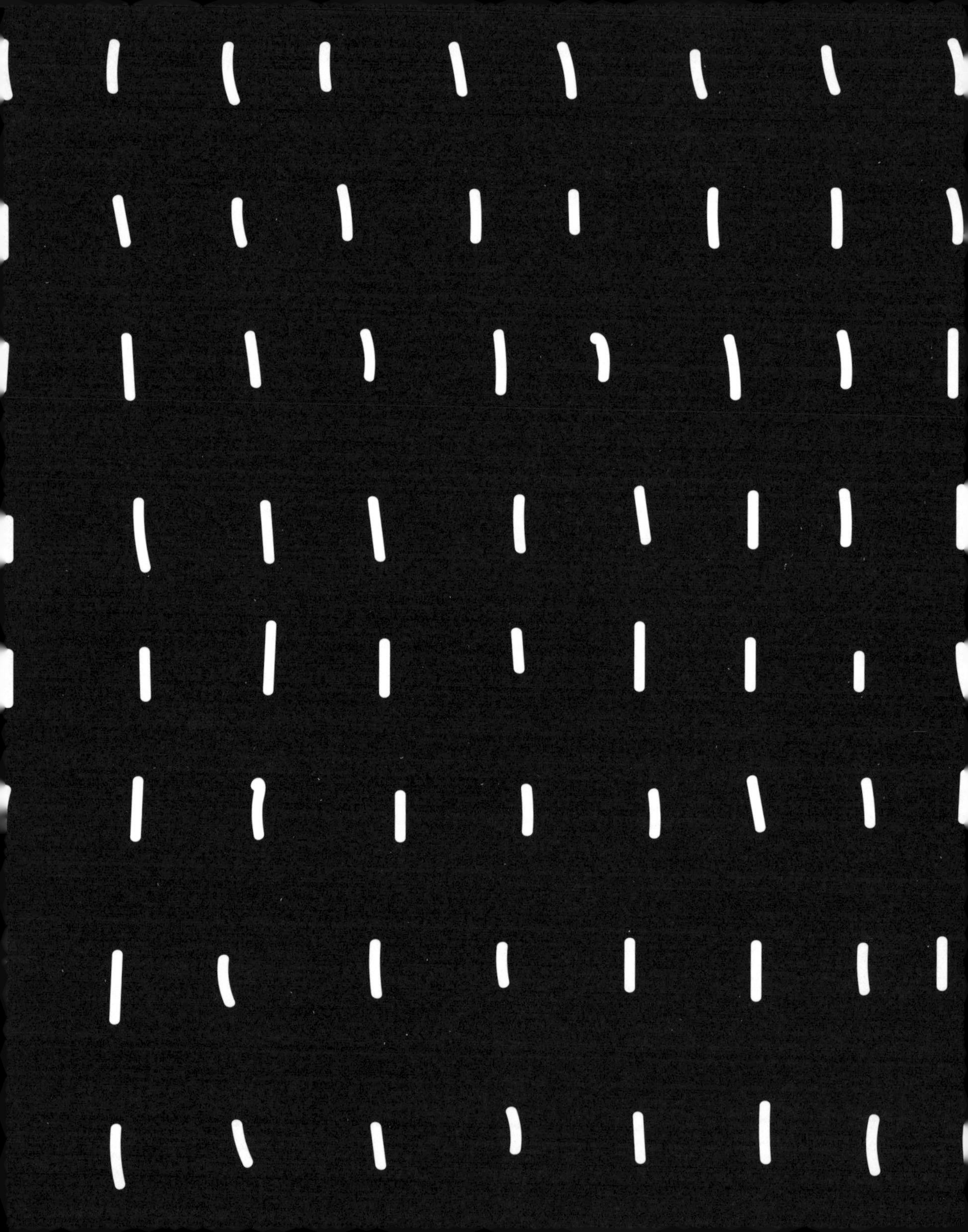

KONFETTIDUSCHE

Male die Vorder- und Rückseite dieser Seite in allen Farben des Regenbogens aus.

32.

FERTIG? REISSE DEIN KUNSTWERK HERAUS, LOCHE ES VOLLSTÄNDIG UND GIB JEMANDEM, DER EINEN SCHLECHTEN TAG HAT, EINE KONFETTIDUSCHE. GARANTIERTE „INSTANT HAPPINESS".

Das war schön!

Lass uns das nochmal machen.

Auch außerhalb des Regenbogens anmalen!

33.

FERTIG? REISSE DEIN KUNSTWERK HERAUS, LOCHE ES VOLLSTÄNDIG UND GIB JEMANDEM, DER EINEN SCHLECHTEN TAG HAT, EINE KONFETTIDUSCHE. GARANTIERTE „INSTANT HAPPINESS".

34.

GIB JEMANDEN EINEN VERTRAUENSVORSCHUSS.

35.

SCHICKE EINE ZEICHNUNG, DIE DEINE KINDER GEMACHT HABEN, ZU DEN WEIT ENTFERNT LEBENDEN GROSSELTERN.

36.

Male auf sämtliche Bananen im Obstgeschäft ein fröhliches Gesicht

‚Verliere' etwas Kleingeld auf dem Bürgersteig.

37.

38. SCHICKE JEMANDEM MORGENS EINE SMS, UM IHR / IHM ZU ZEIGEN, DASS DU AN SIE / IHN DENKST.

BEZAHL AUF DER FAHRT IN DEN URLAUB DIE MAUTGEBÜHR FÜR DEN WAGEN HINTER DIR MIT. **39.**

40. Trockne nach einem Regenschauer den Fahrradsattel für jemanden ab.

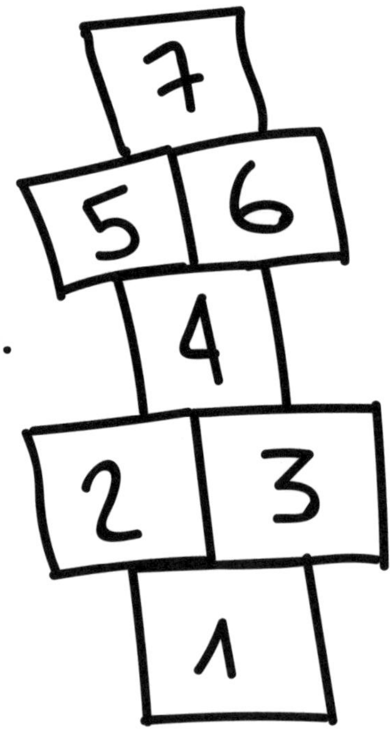

41.

BRINGE JEMANDEM ETWAS NEUES BEI.

42.

Zeichne ein Hüpfekästchen vor den Schuleingang.

43. und warum?

Wer verdient diesen **ORDEN?**

Schneide ihn aus und überreiche ihn feierlich.

GOOOOOD KARMA

I saw that
– KARMA –

I saw that
– KARMA –

I saw that
– KARMA –

I saw that
– KARMA –

I saw that
– KARMA –

I saw that
– KARMA –

Schneide diese Karten aus und verteile sie an andere Raktivisten, die genau wie du die Welt zu einem schöneren Ort machen.

DIES IST EINE **GOOD-KARMA-KARTE,**
DIE DU VERDIENT HAST, WEIL DU POSITIVE ENERGIE VERSPRÜHST. MACH WEITER SO, DENN MENSCHEN WIE DU MACHEN DIE WELT ZU EINEM BESSEREN ORT.

Zeichne für jede gute Tat einen Smiley auf diese Karte. Für eine volle Karte bekommst Du etwas Schönes. Good Karma, he?!

DIES IST EINE **GOOD-KARMA-KARTE,**
DIE DU VERDIENT HAST, WEIL DU POSITIVE ENERGIE VERSPRÜHST. MACH WEITER SO, DENN MENSCHEN WIE DU MACHEN DIE WELT ZU EINEM BESSEREN ORT.

Zeichne für jede gute Tat einen Smiley auf diese Karte. Für eine volle Karte bekommst Du etwas Schönes. Good Karma, he?!

DIES IST EINE **GOOD-KARMA-KARTE,**
DIE DU VERDIENT HAST, WEIL DU POSITIVE ENERGIE VERSPRÜHST. MACH WEITER SO, DENN MENSCHEN WIE DU MACHEN DIE WELT ZU EINEM BESSEREN ORT.

Zeichne für jede gute Tat einen Smiley auf diese Karte. Für eine volle Karte bekommst Du etwas Schönes. Good Karma, he?!

DIES IST EINE **GOOD-KARMA-KARTE,**
DIE DU VERDIENT HAST, WEIL DU POSITIVE ENERGIE VERSPRÜHST. MACH WEITER SO, DENN MENSCHEN WIE DU MACHEN DIE WELT ZU EINEM BESSEREN ORT.

Zeichne für jede gute Tat einen Smiley auf diese Karte. Für eine volle Karte bekommst Du etwas Schönes. Good Karma, he?!

DIES IST EINE **GOOD-KARMA-KARTE,**
DIE DU VERDIENT HAST, WEIL DU POSITIVE ENERGIE VERSPRÜHST. MACH WEITER SO, DENN MENSCHEN WIE DU MACHEN DIE WELT ZU EINEM BESSEREN ORT.

Zeichne für jede gute Tat einen Smiley auf diese Karte. Für eine volle Karte bekommst Du etwas Schönes. Good Karma, he?!

DIES IST EINE **GOOD-KARMA-KARTE,**
DIE DU VERDIENT HAST, WEIL DU POSITIVE ENERGIE VERSPRÜHST. MACH WEITER SO, DENN MENSCHEN WIE DU MACHEN DIE WELT ZU EINEM BESSEREN ORT.

Zeichne für jede gute Tat einen Smiley auf diese Karte. Für eine volle Karte bekommst Du etwas Schönes. Good Karma, he?!

I saw that
– KARMA –

I saw that
– KARMA –

I saw that
– KARMA –

I saw that
– KARMA –

I saw that
– KARMA –

I saw that
– KARMA –

DIES IST EINE **GOOD-KARMA-KARTE,**
DIE DU VERDIENT HAST, WEIL DU POSITIVE ENERGIE VERSPRÜHST. MACH WEITER SO, DENN MENSCHEN WIE DU MACHEN DIE WELT ZU EINEM BESSEREN ORT.

Zeichne für jede gute Tat einen Smiley auf diese Karte. Für eine volle Karte bekommst Du etwas Schönes. Good Karma, he?!

DIES IST EINE **GOOD-KARMA-KARTE,**
DIE DU VERDIENT HAST, WEIL DU POSITIVE ENERGIE VERSPRÜHST. MACH WEITER SO, DENN MENSCHEN WIE DU MACHEN DIE WELT ZU EINEM BESSEREN ORT.

Zeichne für jede gute Tat einen Smiley auf diese Karte. Für eine volle Karte bekommst Du etwas Schönes. Good Karma, he?!

DIES IST EINE **GOOD-KARMA-KARTE,**
DIE DU VERDIENT HAST, WEIL DU POSITIVE ENERGIE VERSPRÜHST. MACH WEITER SO, DENN MENSCHEN WIE DU MACHEN DIE WELT ZU EINEM BESSEREN ORT.

Zeichne für jede gute Tat einen Smiley auf diese Karte. Für eine volle Karte bekommst Du etwas Schönes. Good Karma, he?!

DIES IST EINE **GOOD-KARMA-KARTE,**
DIE DU VERDIENT HAST, WEIL DU POSITIVE ENERGIE VERSPRÜHST. MACH WEITER SO, DENN MENSCHEN WIE DU MACHEN DIE WELT ZU EINEM BESSEREN ORT.

Zeichne für jede gute Tat einen Smiley auf diese Karte. Für eine volle Karte bekommst Du etwas Schönes. Good Karma, he?!

DIES IST EINE **GOOD-KARMA-KARTE,**
DIE DU VERDIENT HAST, WEIL DU POSITIVE ENERGIE VERSPRÜHST. MACH WEITER SO, DENN MENSCHEN WIE DU MACHEN DIE WELT ZU EINEM BESSEREN ORT.

Zeichne für jede gute Tat einen Smiley auf diese Karte. Für eine volle Karte bekommst Du etwas Schönes. Good Karma, he?!

DIES IST EINE **GOOD-KARMA-KARTE,**
DIE DU VERDIENT HAST, WEIL DU POSITIVE ENERGIE VERSPRÜHST. MACH WEITER SO, DENN MENSCHEN WIE DU MACHEN DIE WELT ZU EINEM BESSEREN ORT.

Zeichne für jede gute Tat einen Smiley auf diese Karte. Für eine volle Karte bekommst Du etwas Schönes. Good Karma, he?!

Zum Beispiel im Supermarkt jemanden an der Kasse vorlassen oder einem Kollegen helfen.

BE GOOD

to people for no reason

44.

SCHENK' JEMANDEM BLUMEN,
EINFACH SO, GANZ OHNE WORTE.

45.

Mach deinem neuen Nachbarn / Kollegen ein Willkommensgeschenk.

Sag' auf dem Weg zur Arbeit / zur Schule mindestens 5 Menschen,
die dir entgegenkommen, guten Morgen.

46.

*****

Schreib eine positive Bewertung über das Restaurant,
in dem du lecker gegessen hast.

47.

48. Lade jemanden zum Essen ein.

49. VERGIB JEMANDEM!

STECKE EINEN KLEINEN LIEBESBRIEF IN DAS PORTEMONNAIE DEINES PARTNERS.

50.

51. Gib einem Kellner ein fettes Trinkgeld.

TEILE DEINEN SCHIRM, WENN ES REGNET.

52.

53.

SPIEGLEIN, SPIEGLEIN …

Denn Liebe beginnt bei dir selbst.

Fülle diese Seite mit Dingen, die du an dir selbst gut findest.

54.

Hinterlasse einen netten Kommentar auf der Facebookseite oder dem Blog eines Freundes / einer Freundin.

Oder probier zumindest, einen Artikel zu lesen, auch wenn du eigentlich keine Zeit hast.

55.

Bereite mitten in der Woche ein leckeres, selbstgemachtes Dessert zu. Nur, weil du kannst.

56.

VERSTECKE LIEBESBRIEFE IN DER BIBLIOTHEK.

57.

HÄNGE EINEN MEISENKNÖDEL IN DEINEN GARTEN, DAMIT DORT VÖGEL ÜBERWINTERN KÖNNEN.

Kaufe einen Kaffee für die Person hinter dir in der Schlange. Lass ihr / ihm vom Barista eine RAK-Karte aushändigen. (Hinten im Buch)

58.

59.

Wer verdient ein herrliches Frühstück im Bett?

Die Krümel sollen sie selbst beseitigen.

VOUCHER FÜR EIN FRÜHSTÜCK IM BETT

EIER

- ☐ OMLETT MIT ____________
- ☐ WEICH / HART GEKOCHT
- ☐ RÜHREI
- ☐ POCHIERT

BROT

- ☐ VOLLKORN / WEISSBROT
- ☐ TOAST
- ☐ BRÖTCHEN
- ☐ CROISSANTS

EXTRAS

- ☐ SPECK
- ☐ OBST
- ☐ CORNFLAKES
- ☐ PANCAKES MIT ____________
- ☐ BRIOCHES
- ☐ ____________
- ☐ ____________

Getränke gegen den Durst

- ☐ KAFFEE / TEE MIT ______ ______
- ☐ ORANGENSAFT
- ☐ CHAMPAGNER
- ☐ ____________

DIESER LIEBESBRIEF SORGT DAFÜR, DASS ES NICHT SO SCHLIMM IST, WENN DIR DER TOAST ANBRENNT.

HURRA!

DU KENNST ZWEI MENSCHEN, DIE PERFEKT ZUSAMMENPASSEN, ABER SIE HABEN SICH NOCH NICHT GEFUNDEN?

60.

61.

DANN IST ES ZEIT, SELBST AMOR ZU SPIELEN. AUF DIESEN SEITEN FINDEST DU VIER PAARE, DIE ZUSAMMENGEHÖREN. SCHNEIDE SIE AUS ...

AMOOO

62.

... UND GIB DIE ERSTE AN DEN ERSTEN KANDIDATEN, DAS DAZUGEHÖRIGE ...

63.

… GIBST DU AN SEIN / IHR ZUKÜNFTIGES GEGENSTÜCK. GIB IHNEN DEN AUFTRAG, …

64.

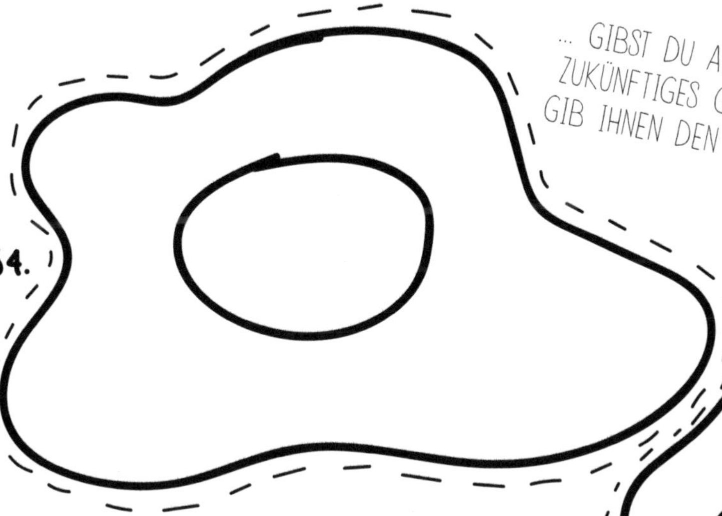

65.

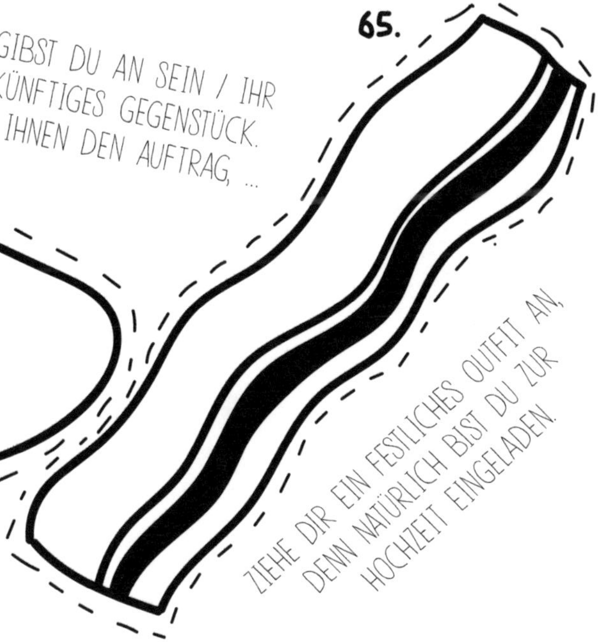

ZIEHE DIR EIN FESTLICHES OUTFIT AN, DENN NATÜRLICH BIST DU ZUR HOCHZEIT EINGELADEN.

… AUSSCHAU NACHEINANDER ZU HALTEN. DER FUNKE SOLLTE ÜBERSPRINGEN.

OOOOR

66.

DAS FUNKTIONIERT ÜBERALL. IN DER SCHULE, BEI DER ARBEIT, AUF EINER PARTY …

Male die Zeichnungen liebevoll aus.

67.

your vibe

ATTRACTS

your tribe

68.

Lache, auch wenn der Witz schlecht ist.
Hahaha, das ist soooo lustig!

69. Backe dem Geburtstagskind einen Kuchen.

70. Überlasse im Bus oder in der Bahn jemandem deinen Sitzplatz.

71. (+ 333 ANDEREN MENSCHEN)

Schenke jemandem dieses Buch.

spread kindness!

TEILE DEINEN LECKEREN SNACK. 72.

AUCH, WENN DU EIGENTLICH NICHT MÖCHTEST.

73.

LASS DEINEN MITBEWOHNER SEINE LIEBLINGSSENDUNG SCHAUEN, OHNE DASS DU DABEI HERUMQUENGELST.

eye roll

74.

Mache Eltern ein Kompliment über das Benehmen ihrer Kinder.

75. Gib jemandem Recht.

76. VERMEIDE TRATSCH.

Du hast keine Zeit für Negatives.

77. Beantworte E-mails zügig.

GOOD VIBES spray

BESEITIGT:

- Abscheu
- Bosheit
- Frustrationen
- Irritationen
- Stress
- Morgenmuffeligkeit
- Streit
- Eifersucht
- Verdruss
- ...

GEBRAUCHSANWEISUNG:

78. Wann immer etwas von den negativen Emotionen auftritt, 3 Sprühstöße verabreichen.

ACHTUNG: ES KANN AKUTE FREUDE AUFTRETEN.

SCHRITT 1 Schneide ein Etikett aus

SCHRITT 2 Klebe das Etikett auf eine Sprühflasche

SCHRITT 3 Fülle den Flakon mit Wasser

(füge eventuell Glitzer und ein Düftchen hinzu)

SCHRITT 4 Kräftig schütteln und diesen Spruch aufsagen:

HOKUSPOKUSVERWANDELDIESESWASSERINGOODVIBESFÜRSPÄTER

Be kind

WHENEVER POSSIBLE.

it's always possible

Groß und klein

Fülle diese Seiten mit allen lieben Dingen, die du für jemanden getan hast.

ALWAYS HELP SOMEONE.

YOU MIGHT BE THE ONLY ONE THAT DOES.

Huch?

WAS IST DAS? HIER STEHEN DOCH GAR KEINE ZEICHNUNGEN. MAL' DIE SEITEN AUS, DAMIT SIE DEUTLICH WERDEN.

94. 96. 97.

91.

88. 90. 93. 95.

89. 92.

ICH BIN NICHT EINFACH NUR EINE ZEICHNUNG.

Ich bin ein Limited-Edition-Minikunstwerk. Und weil du mich gefunden hast, kannst du dir was wünschen. Behalte mich oder gib mich weiter, um jemand anderes glücklich zu machen.

ICH BIN NICHT EINFACH NUR EINE ZEICHNUNG.

Ich bin ein Limited-Edition-Minikunstwerk. Und weil du mich gefunden hast, kannst du dir was wünschen. Behalte mich oder gib mich weiter, um jemand anderes glücklich zu machen.

ICH BIN NICHT EINFACH NUR EINE ZEICHNUNG.

Ich bin ein Limited-Edition-Minikunstwerk. Und weil du mich gefunden hast, kannst du dir was wünschen. Behalte mich oder gib mich weiter, um jemand anderes glücklich zu machen.

ICH BIN NICHT EINFACH NUR EINE ZEICHNUNG.

Ich bin ein Limited-Edition-Minikunstwerk. Und weil du mich gefunden hast, kannst du dir was wünschen. Behalte mich oder gib mich weiter, um jemand anderes glücklich zu machen.

guerrilla art!

DU MUSST NICHT MALEN KÖNNEN, UM KÜNSTLER ZU SEIN. OK, DAS IST EIN BISSCHEN WIDERSPRÜCHLICH, ABER DU VERSTEHST, WAS ICH MEINE. ODER? ZEICHNE REGENBÖGEN, DINOS, SMILEYS ODER ANDERE DINGE, DIE DICH FRÖHLICH MACHEN, AUF DEINE LIMITED-EDITION-LEINWAND. HINTERLASSE SIE SPÄTER IN DER BIBLIOTHEK, DEINEM LIEBLINGSCAFÉ, IM SUPERMARKT ... VERGISS NICHT DEIN KÜRZEL IN DEN KREIS ZU SETZEN.

1/10

make a wish.

2/10

make a wish.

3/10

make a wish.

4/10

make a wish.

5/10

make a wish.

6/10

make a wish.

7/10

make a wish.

8/10

make a wish.

9/10

make a wish.

10/10

make a wish.

ICH BIN NICHT EINFACH NUR EINE ZEICHNUNG.

Ich bin ein Limited-Edition-Minikunstwerk. Und weil du mich gefunden hast, kannst du dir was wünschen. Behalte mich oder gib mich weiter, um jemand anderes glücklich zu machen.

ICH BIN NICHT EINFACH NUR EINE ZEICHNUNG.

Ich bin ein Limited-Edition-Minikunstwerk. Und weil du mich gefunden hast, kannst du dir was wünschen. Behalte mich oder gib mich weiter, um jemand anderes glücklich zu machen.

ICH BIN NICHT EINFACH NUR EINE ZEICHNUNG.

Ich bin ein Limited-Edition-Minikunstwerk. Und weil du mich gefunden hast, kannst du dir was wünschen. Behalte mich oder gib mich weiter, um jemand anderes glücklich zu machen.

ICH BIN NICHT EINFACH NUR EINE ZEICHNUNG.

Ich bin ein Limited-Edition-Minikunstwerk. Und weil du mich gefunden hast, kannst du dir was wünschen. Behalte mich oder gib mich weiter, um jemand anderes glücklich zu machen.

ICH BIN NICHT EINFACH NUR EINE ZEICHNUNG.

Ich bin ein Limited-Edition-Minikunstwerk. Und weil du mich gefunden hast, kannst du dir was wünschen. Behalte mich oder gib mich weiter, um jemand anderes glücklich zu machen.

ICH BIN NICHT EINFACH NUR EINE ZEICHNUNG.

Ich bin ein Limited-Edition-Minikunstwerk. Und weil du mich gefunden hast, kannst du dir was wünschen. Behalte mich oder gib mich weiter, um jemand anderes glücklich zu machen.

Random Acts of Kindness

B I N G O

98. Wünsche dir für jemanden ein Lied im Radio	Ruf deine (Groß)Eltern an. 99.	LASS AN DER SUPERMARKTKASSE JEMANDEN VOR. 100.	101. Lach' jemanden an, den du nicht kennst.	Schreibe einen Anti-Beschwerdebrief. 102.
103. Hilf einer älteren Person in deiner Nachbarschaft.	Schiebe jemandem den Stuhl an den Tisch. 104.	105. Biete jemandem an, ihn mitzunehmen.	Koche jemandem sein Lieblingsessen. 106.	107. Nimm Extra-Snacks mit in die Schule oder zur Arbeit.
108. Gib einem Kellner Trinkgeld.	109. Spende Kleidung für einen guten Zweck.	110. **DENK DIR SELBST EINEN RAK AUS**	LEGE BLUMEN AUF EIN VERGESSENES GRAB. 111.	112. Mache jemandem ein Kompliment.
113. Gehe mit einem Hund aus dem Tierheim Gassi.	HALTE JEMANDEM DIE TÜR AUF. 114.	115. Schick eine liebe SMS.	116. Hilf einem Obdachlosen.	Teile dein Mittagessen. 117.
Gehe für jemanden einkaufen. 118.	119. Danke jemandem.	Bremse, damit jemand die Straße überqueren kann. 120.	Überrasche jemanden. 121.	122. SAMMLE MÜLL VON DER STRASSE.

DIE SPIELREGELN:

Anzahl der Spieler: 3 ODER MEHR

Utensilien: RAK-BINGO-KARTE
TEXTMARKER (EINE FARBE PRO SPIELER)

Vorbereitung: HÄNG' DIE RAK-BINGO-KARTE AN EINE GUT SICHTBARE STELLE.

Wenn du einen **RAK** ausgeführt hast, markierst du ihn in deiner Farbe. Der Spieler, der als erster eine horizontale, vertikale oder diagonale Reihe markiert hat, gewinnt das Spiel.

BINGO

IHR KÖNNT AUCH SPIELEN, BIS JEMAND DIE KARTE VOLLSTÄNDIG MARKIERT HAT.

VIEL SPASS!

BE THE ENERGY
YOU WANT TO ATTRACT.

Vorschläge

ZUM AUSTEILEN FÜR ALLE, DIE ES NÖTIG HABEN

123.

124.

Bis heute hast du 100 %
der schlechten Tage
überlebt. Das muss man
erst mal nachmachen.

125.

126.

127.

128.

129.

130.

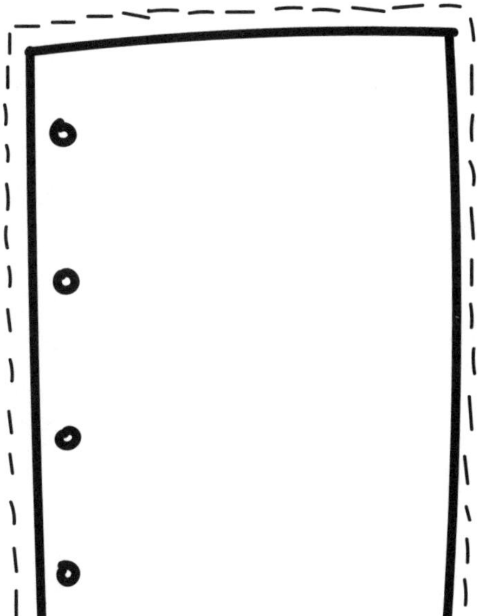

131.

KANN KUNST DIE WELT RETTEN?

MÖGLICHERWEISE NICHT, ABER SIE KANN SIE EIN BISSCHEN SCHÖNER MACHEN.

Das ist auch nicht schlecht. Oder?

Häng das größte Papier*, das du finden kannst, an einen deutlich sichtbaren Platz auf deiner Arbeit oder an deiner Schule. Schreib folgenden Auftrag oben drüber:

*die Rückseite eines Posters ist ideal

ZEICHNE HIERHIN, WAS DICH GLÜCKLICH MACHT

Klebe diese Erläuterung, wie im Museum, rechts darunter

132.

Dieses Kunstwerk ist in Zusammenarbeit der folgenden Künstler entstanden:

Schreib deinen Künstlernamen da hin.

Be somebody

who makes

everybody

feel like a

somebody.

133.

Klebe eine 2-Euro-Münze an einen Getränkeautomaten. Klebe eine RAK-Karte daneben. Vorlagen findest du hinten im Buch.

134.

WASCHE JEMANDEM DAS AUTO.

135.

Bedanke dich mit einem Briefchen, das du an deinen Briefkasten klebst, bei deinem Postboten.

136.

Klebe auch einen an den Mülleimer für die hart arbeitenden Männer der Müllabfuhr.

137.

SEI HÖFLICH IM STRASSENVERKEHR.

138.  Lache einen Wildfremden an.

139. HALTE JEMANDEM DIE TÜR AUF.

140. Pflanze einen Baum.

141. KAUFE LOKAL EIN.

INS SCHWARZE

oder daneben

1. HÄNGE DIESES BUCH AN EINE WAND (du findest schon einen Weg)
2. SUCHE EINEN ODER MEHRERE MITSPIELER
3. WERFT PFEILE AUF DAS DARTBOARD. JEDER SPIELER WIRFT 3X.

KEINE PFEILE IN DER NÄHE? BENUTZT MARKER, REISSZWECKEN ODER KAUGUMMI, WENN IHR SCHMUTZFINKE SEID.

Die Punktevergabe

ADDIERE DIE PUNKTZAHL ALLER DREI WÜRFE

0 → Tja, du hast dein Bestes getan. Jetzt kannst du eine Woche lang beim Abwasch dein Bestes geben. (142)

5 – 25 → Bring frischgebackene Kekse in ein Altenheim in deiner Nähe. (143)

30 – 100 → Pass (gratis) auf die Kinder von jemandem auf, damit die Eltern etwas mehr zusätzliche Zeit miteinander haben. (144)

105 – 250 → Mach jemandem ein Lunch-Paket und schreib ein Liebesbriefchen dazu. (145)

300 → Du hast dir selbst einen RAK verdient. Du darfst einen Mitspieler nennen, der eine unangenehme Aufgabe für dich übernehmen soll.

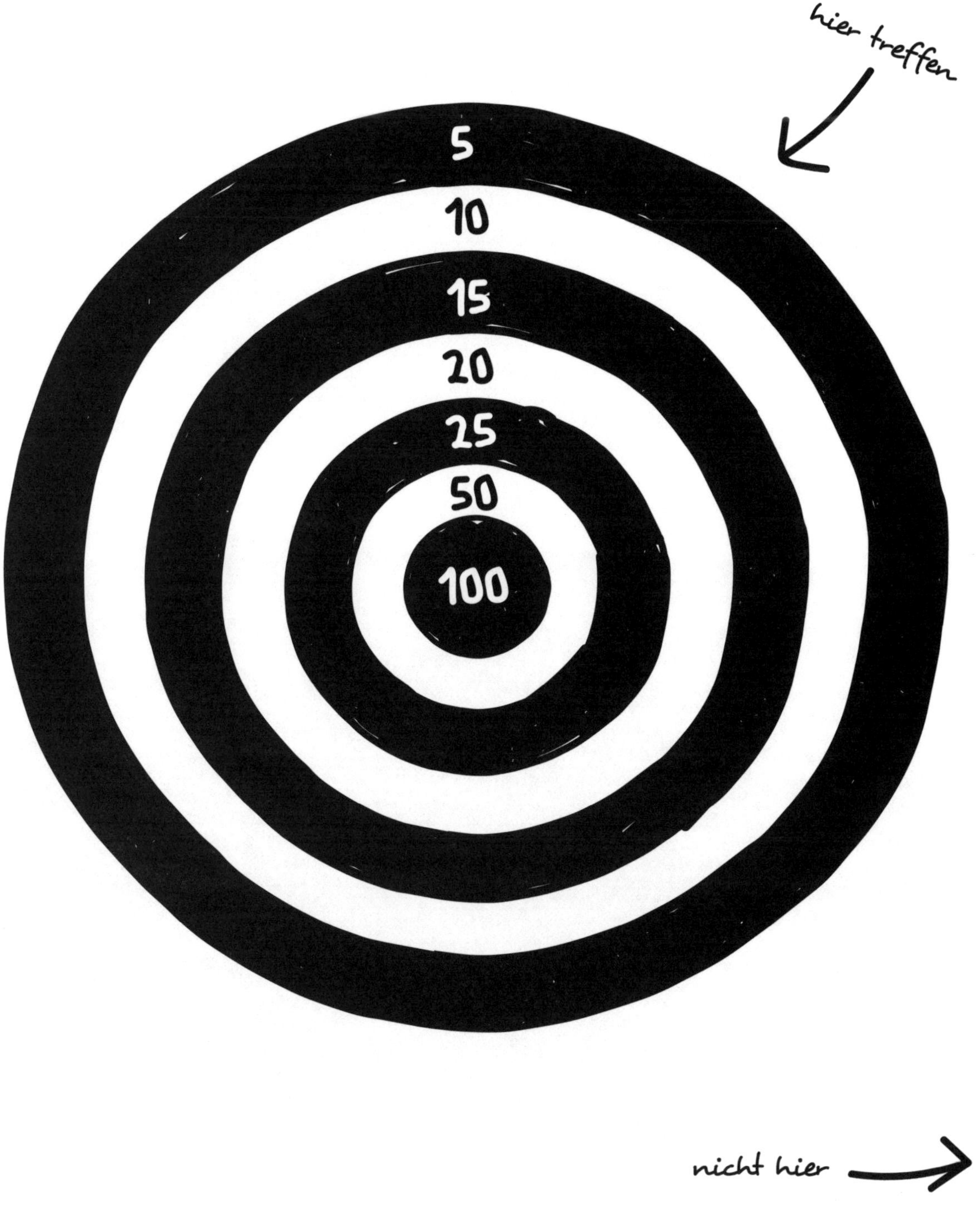
hier treffen
5
10
15
20
25
50
100
nicht hier

MIX-TAPE

STELLE FÜR JEMANDEN EINE PERSÖNLICHE PLAYLIST ZUSAMMEN.

VOR LAAANGER, LAAANGER ZEIT HABEN WIR MIX-TAPES AUF KASSETTEN AUFGENOMMEN. WÄHREND DER AUFNAHME MUSSTE MAN GANZ LEISE SEIN. OBWOHL ES SICHER SEINEN CHARME HAT, MACHT ES YOUTUBE DOCH EIN WENIG ANGENEHMER UND MAN MUSS AUCH DAS ABGESPULTE BAND NICHT MIT DEM BLEISTIFT WIEDER AUFROLLEN.

Händisch!

Erstelle eine Playlist für eine Freundin / einen Freund mit Liebeskummer (love sucks) oder für deinen Schatz (make-out-mix). Sammle zu einem runden Geburtstag verschiedene Lieder aus dem Geburtsjahr (you're getting old) oder mache einen Mix für einen Kollegen in trübseliger Stimmung (happy songs).

Schreib den Link deiner Playlist auf die Vorderseite der Kassette. Hinten ist Platz für das Thema.

www.youtube.com/

www.youtube.com/

Verbinde die Ziffern

Du errätst nicht, was hier verborgen ist.

MAGIC SMILE JUICE

TEILE EIN GLÄSCHEN MAGIC SMILE JUICE MIT EINEM FREUND, DER EINE AUFMUNTERUNG GEBRAUCHEN KANN. LÖSE DAS ETIKETT EINER WEINFLASCHE ODER EINES ANDEREN GETRÄNKS AB UND ERSETZE ES DURCH EIN MAGIC-SMILE-JUICE-ETIKETT. PROST!

AUFGEPASST: MAGIC SMILE JUICE WIRKT BESSER, WENN DU DEINEM FREUND AUCH EIN OHR LEIHST.

magic smile juice

GEBRAUCHSANWEISUNG: ÖFFNE DIE FLASCHE UND TRINKE SIE MIT JEMANDEM, DEN DU MAGST.

ZUTATEN: GLÜCK, LIEBE, ZÄRTLICHKEIT, WÄRME, FREUNDSCHAFT, FREUDE

149.

150.

magic smile juice

GEBRAUCHSANWEISUNG: ÖFFNE DIE FLASCHE UND TRINKE SIE MIT JEMANDEM, DEN DU MAGST.

ZUTATEN: GLÜCK, LIEBE, ZÄRTLICHKEIT, WÄRME, FREUNDSCHAFT, FREUDE

151.

LACHE

so oft wie möglich.

152.

Spende an einen Strassenmusikanten.

153.

WEISE JEMANDEM DEN WEG.

154. SPENDE BLUT.

love s*cks

STELLE EIN ANTI-LIEBESKUMMER-KIT FÜR JEMANDEN ZUSAMMEN, DER UNGLÜCKLICH VERLIEBT IST. DER NAME WIRD NICHT AUSGESPROCHEN.

155. DU BRAUCHST:

- eine große Dose, auf die das love-s*cks-Label aufgeklebt wird.
- Schokolade (so viel wie möglich)
- Taschentücher
- einen Müllsack für die Klamotten des / der miesen Ex
- ein Break-up-Movie, um so richtig gut heulen zu können
- eine Flasche Wein (nur, wenn ihr 16+ seid)
- noch eine Flasche Wein
  (Achtung: Wieder nur, wenn ihr 16+ seid. Suffköppe)
- ein Dartboard mit seinem / ihrem Foto
- eine Kerze, um diese dunklere Periode aufzuhellen
  (nicht, um sein / ihr Haus in Brand zu stecken)
- eine CD voller „I am over you"-Lieder
- eine Tube Klebstoff, um das gebrochene Herz zu kitten
- diese Briefchen →

Echte Freunde können jede Nacht klingeln, aber ich bin ein Tiefschläfer. Hänge dieses Briefchen neben deinem Bett auf als Reminder, dass ich morgens für dich da bin.

i love you

love s*cks

ABER DEINE FREUNDE NICHT

DAS IST EIN GUTSCHEIN FÜR EINE SCHULTER ZUM AUSWEINEN.

Meine Schultern sind zum Ausweinen gemacht. Dieser Gutschein ist eine Garantie, dass ich mich nicht beklage, wenn du auf meine Lieblingsklamotten heulst.

BEI KLAGEN ÜBER DIESES BUCH WEGEN SPUREN AUF DER KLEIDUNG BITTE AN DEN VORSITZENDEN DER RAKTIVISTEN WENDEN.

we rise

by lifting others.

156.
Schreib ein Dankesbriefchen an jemanden, der dir beim Einladen geholfen hat.

157. ZÄHL BIS 10, WENN DU BÖSE BIST.
ODER BIS 15, WENN DU RICHTIG BÖSE BIST.

158.
Halte für jemanden, der über die Strasse möchte.

159. BACKE JEMANDEM KEKSE.

160. Pass (gratis) auf die Kinder von jemandem auf, damit die Eltern etwas mehr zusätzliche Zeit miteinander haben.

161. Zeit für Plogging: Sammle beim Jogging Müll in der Natur.

Verbringe Zeit mit jemandem, der einsam ist.

162.

163. STELLE DICH BEI DEINEN NACHBARN VOR.

A FEW NICE WORDS

CAN HELP A PERSON A LOT MORE

THAN YOU THINK.

164.

Denke dir 7 liebe Komplimente aus, schneide die Streifen ein und hänge diese Gratis-Komplimente an einem öffentlichen Platz aus.

KOMPLIMENTE

GRATIS

NIMM EINS FÜR DICH SELBST ODER GIB ES JEMANDEM, DER ES VERDIENT HAT.

Du bist besser als Netflix

Du solltest ein mächtiger Staatsmann werden

Du riechst so herrlich

Our days are happier
when we give people
a bit of our ♥
rather than a piece
of our mind.

165. follow up!

WENN JEMAND ETWAS SCHLIMMES DURCHMACHT (KRANKHEIT, VERLUST, ...), BEKOMMT ER ZU ANFANG VIEL AUFMERKSAMKEIT. VERGISS NICHT, AUCH NACH MEHREREN MONATEN / JAHREN NOCH DANACH ZU FRAGEN, WIE ES IHR / IHM GEHT.

166. **Ermutige jemanden, seine / ihre Träume zu verwirklichen.**

167. kehre auch mal vor der Tür deiner Nachbarn.

Wörtlich, nicht im übertragenen Sinn!

168. Lasse Pizza zu einem Freund liefern.

169. MACHE EINER KASSIERERIN IM SUPERMARKT EIN ERNSTGEMEINTES KOMPLIMENT.

170. Schreib einer Freundin / einem Freund einen Brief. Handgeschrieben, auf Papier!

171. Rufe deine (Groß)eltern an.

Überlasse einem anderen den letzten freien Parkplatz.

172.

173.
Spiele Kingelmännchen, aber hinterlasse Schokolade vor der Tür.

174.

GIB EINEM OBDACHLOSEN WARME KLEIDUNG.

175. **Sei optimistisch!**

176. VERSTECKE EINEN SCHATZ UND GIB DIE SCHATZKARTE ANONYM AN ~~KINDER~~ Schatzjäger IN DEINER UMGEBUNG.

Überrasche jemanden mit einem Fotoalbum. 177.

178. Ziehe ein Cheerleader-Outfit an und feuere montags Leute an, die zur Arbeit fahren.

179. HINTERLASSE EIN INSPIRIERENDES BUCH AN EINEM ÖFFENTLICHEN PLATZ.

180. Mache etwas Nettes für deine Schwiegermutter.

NO ACT OF KINDNESS,
HOWEVER SMALL,
IS EVER WASTED.

ausschneiden

Du bist die Mayo auf meinen Pommes. 181.

Bei dir fühle ich mich immer wunderschön – auch in meinen Jogginghosen. 182.

ICH SOLLTE EIN LIEDCHEN FÜR DICH SCHREIBEN, ABER ICH KANN NICHT SINGEN. 183.

Du bist der einzige, dem ich mein Passwort anvertrauen würde, aber ich darf es dir nicht geben. 184.

Du bist schlauer als Google. 185.

Dein Lachen ist ein Beweis dafür, dass die besten Dinge der Welt gratis sind. 186.

DU BIST NIEDLICHER ALS EIN STOLPERNDER PINGUIN. 187.

OMG. Du bist so cool, dass selbst deine Tasse Tee einfriert. 188.

und verteilen!

189. WOW. IST ES DEIN VOLLZEITJOB, GROSSARTIG ZU SEIN?

190. WENN DU EINE PFLANZE WÄRST, WÜRDE ICH NICHT VERGESSEN, DICH ZU GIESSEN.

191. Du bist mein Lieblings ________________ auf der Welt.

192. Du stehst auf meiner „Im-Notfall-zu-kontaktieren-Liste“.

193. DU BIST DIE BESTE MAMA DER WELT. ICH BIN SCHLIESSLICH PERFEKT GEWORDEN.

194. In 3 Worten: Du bist echt fantastisch (und ich kann nicht zählen).

195. Auf dich trifft jedes liebe Wort zu, dass ich mir ausdenken kann.

196. DIE FARBE DEINER SOCKEN STEHT DIR GUT.

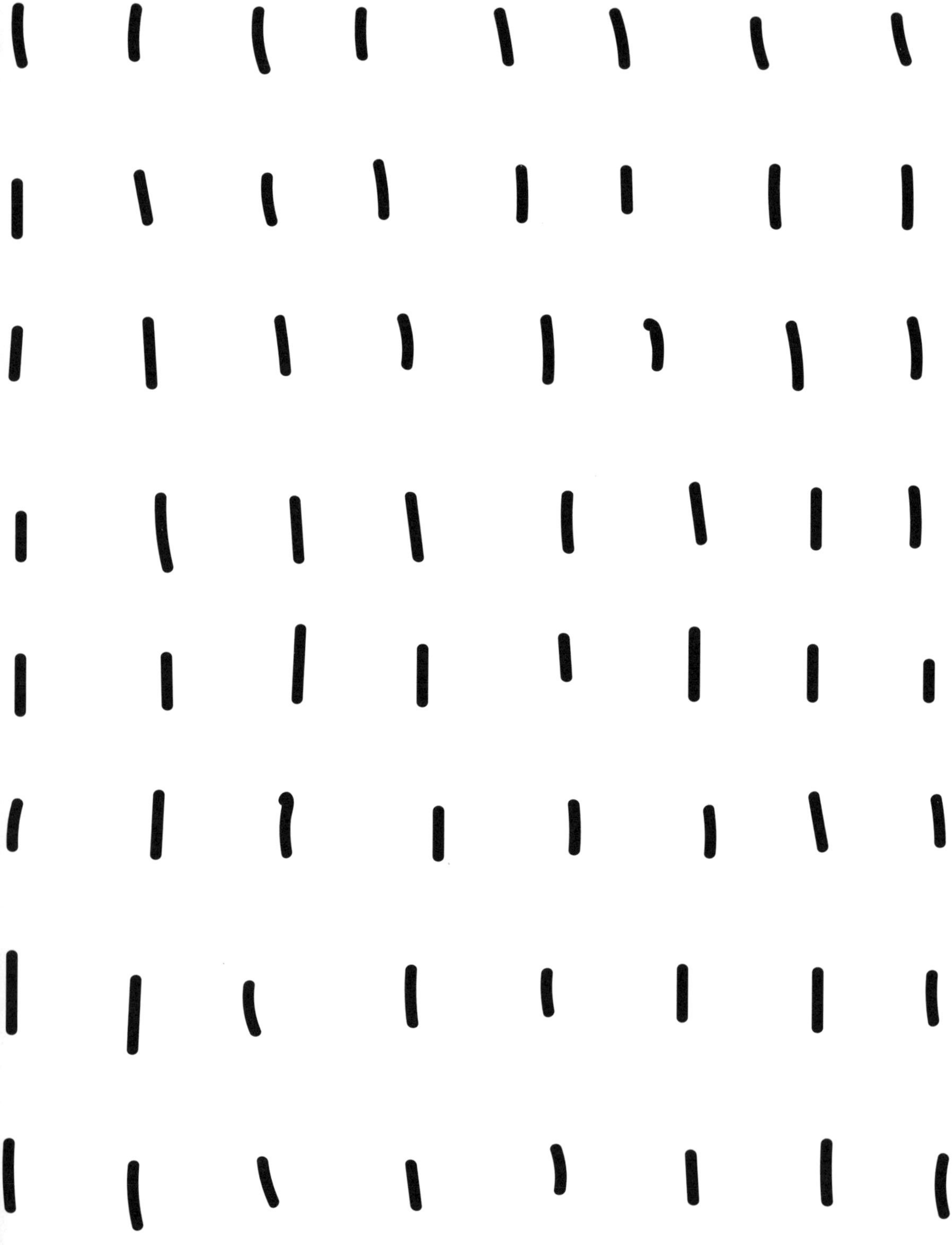

197. Adoptiere ein Tier aus dem Tierheim.

198. Übernimm ein Ehrenamt.

199. BRING JEMANDEM EINEN KAFFEE.

200. Lass jemanden an der Supermarktkasse vor.

201. SEI AUFMERKSAM!

202.

Geh mit dem Hund deines Nachbarn spazieren.

it was you! You let the dogs out!

203. Verwöhne deinen Mitbewohner / deine Mitbewohnerin nach einem langen Arbeitstag mit Tee und Keksen. Der Tee ist nicht so wichtig, solange es Kekse gibt.

204. NIMM BEDRUCKTES PAPIER ALS SCHMIERPAPIER.

205.

NIMM JEMANDEN IM AUTO MIT.

RÄUME FÜR JEMANDEN DESSEN KREMPEL AUF. OHNE DARÜBER ZU SPRECHEN! 206.

UPS

Auch ein Raktivist macht Fehler. Tja, selbst wir sind nicht perfekt. Benutze diese Sorry-Briefchen, wenn Worte alleine nicht genug sind.

207.

SORRY,

DASS ICH SO EIN ____________ WAR.

ES WAR NICHT MEINE ABSICHT, DICH

- ☐ BÖSE
- ☐ TRAURIG
- ☐ ____________ ZU MACHEN.

ICH WERDE ES NICHT* MEHR TUN.

*ÄHM ... VIELLEICHT.

208.

SORRY,

DASS ICH SO EIN ____________ WAR.

ES WAR NICHT MEINE ABSICHT, DICH

- ☐ BÖSE
- ☐ TRAURIG
- ☐ ____________ ZU MACHEN.

ICH WERDE ES NICHT* MEHR TUN.

*ÄHM ... VIELLEICHT.

209.

SORRY,

DASS ICH SO EIN ____________ WAR.

ES WAR NICHT MEINE ABSICHT, DICH

- ☐ BÖSE
- ☐ TRAURIG
- ☐ ____________ ZU MACHEN.

ICH WERDE ES NICHT* MEHR TUN.

*ÄHM ... VIELLEICHT.

210.

SORRY,

DASS ICH SO EIN ____________ WAR.

ES WAR NICHT MEINE ABSICHT, DICH

- ☐ BÖSE
- ☐ TRAURIG
- ☐ ____________ ZU MACHEN.

ICH WERDE ES NICHT* MEHR TUN.

*ÄHM ... VIELLEICHT.

211.

SORRY,

DASS ICH SO EIN ____________ WAR.

ES WAR NICHT MEINE ABSICHT, DICH

- ☐ BÖSE
- ☐ TRAURIG
- ☐ ____________ ZU MACHEN.

ICH WERDE ES NICHT* MEHR TUN.

*ÄHM ... VIELLEICHT.

212.

SORRY,

DASS ICH SO EIN ____________ WAR.

ES WAR NICHT MEINE ABSICHT, DICH

- ☐ BÖSE
- ☐ TRAURIG
- ☐ ____________ ZU MACHEN.

ICH WERDE ES NICHT* MEHR TUN.

*ÄHM ... VIELLEICHT.

If you have the power
to make someone happy,

DO IT.

The world needs more of that!

RAKTIVISMUS

Von einem hingebungsvollen Raktivisten wie dir wird erwartet, auch andere Menschen dazu zu ermutigen, Random Acts of Kindness auszuführen. Du allein kannst schließlich nicht jeden glücklich machen, aber jeder kann ein bisschen dazu beitragen.

SPREAD THE WORD:

SCHNEIDE DIE RAKS AUF DEN FOLGENDEN SEITEN AUS UND BRINGE SIE AN EINEM ÖFFENTLICHEN PLATZ AN UND ZWAR IN EINEM ABSTAND VON 100 METERN.

Stelle dir vor, wie viele (Groß)Eltern du glücklich machen kannst.

Das Leben ist zu kurz, um es nicht zu tun.

Ich habe in einem Abstand von 100 Metern noch zwei weitere Kindness-Aufträge verteilt. Suche sie und werde ein #raktivist.

214.

Das Leben ist zu kurz, um es nicht zu tun.

MACHE HEUTE JEMANDEN GLÜCKLICH.

Ich habe in einem Abstand von 100 Metern noch zwei weitere Kindness-Aufträge verteilt. Suche sie und werde ein #raktivist.

215.

Das Leben ist zu kurz, um es nicht zu tun.

SCHREIBE EINE LIEBE SMS AN DIE PERSON, AN DIE DU GERADE DENKST.

Ich habe in einem Abstand von 100 Metern noch zwei weitere Kindness-Aufträge verteilt. Suche sie und werde ein #raktivist.

216.

TEILE DIE MAGIE ANONYMER POST. MACHE EINE BUCHSTABENCOLLAGE UND ÜBERRASCHE JEMANDEN, DEN DU MAGST, MIT EINER ANONYMEN BOTSCHAFT.

Natürlich darfst du nicht erzählen, dass du der Absender bist, du Geheimniskrämer.

217.

RICHTE EINE FANSEITE FÜR JEMANDEN EIN.
Er / sie muss kein Promi sein.

218.

Pflücke einen Strauß wilder Blumen und verschönere jemandem den Tag.

219.

SCHREIBE NOCH EINMAL EINE ECHTE GEBURTSTAGSKARTE, DENN GLÜCKWÜNSCHE VIA FACEBOOK SIND EIGENTLICH ... NAJA!

220.

Wenn deine Freunde über jemanden lästern, sage etwas Positives über diese Person ohne Angst zu haben, nicht mehr zum Lästerclub zu gehören.

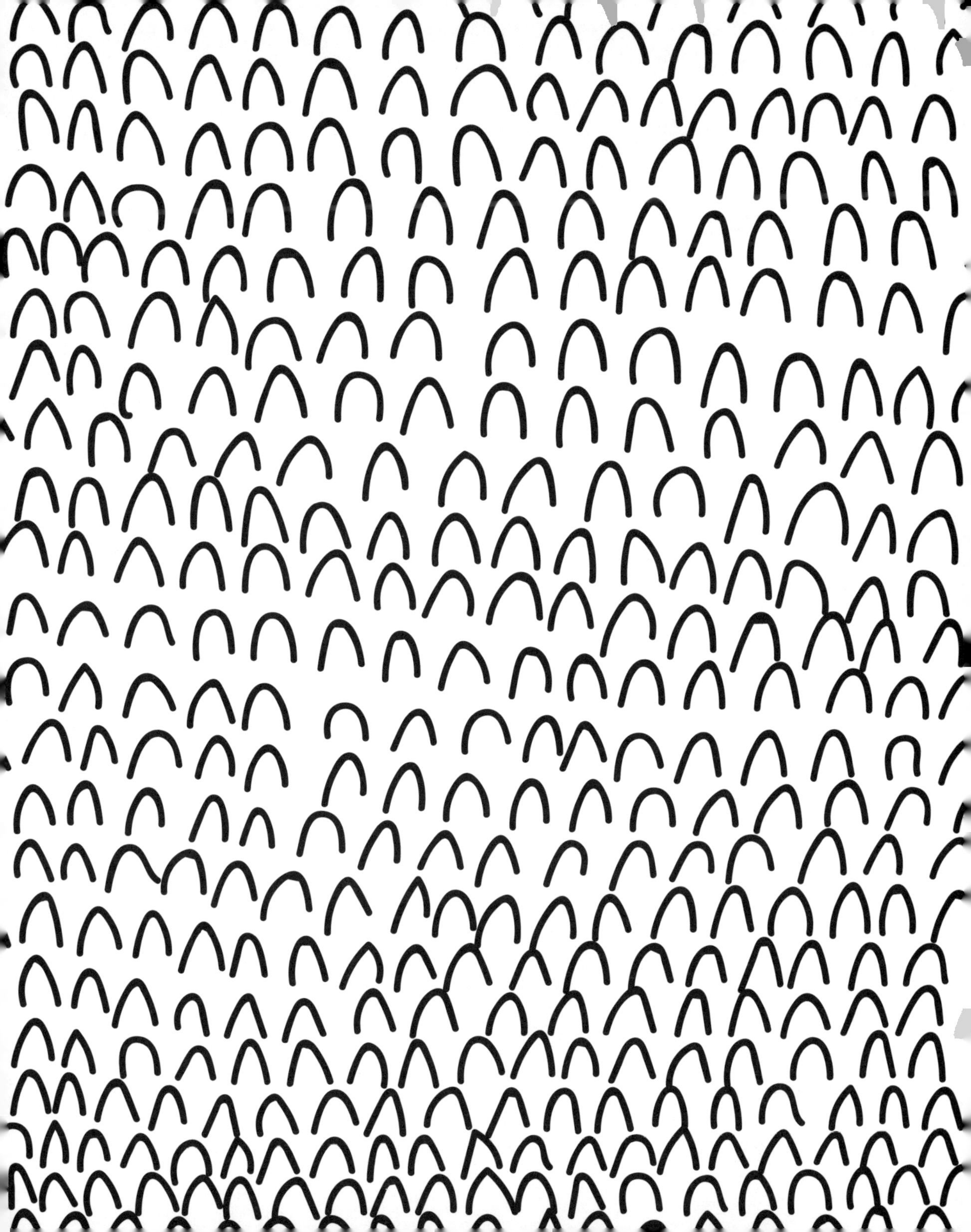

Verteile noch mehr Orden.

230.

231.

232.

233.

234.

235.

236.

237.

238.

Glanzleistung!

If the words you spoke
appeared on your skin,
would you still be

beautiful?

STOPP!

TEILE DEINE MIESE STIMMUNG NICHT AUF FACEBOOK.

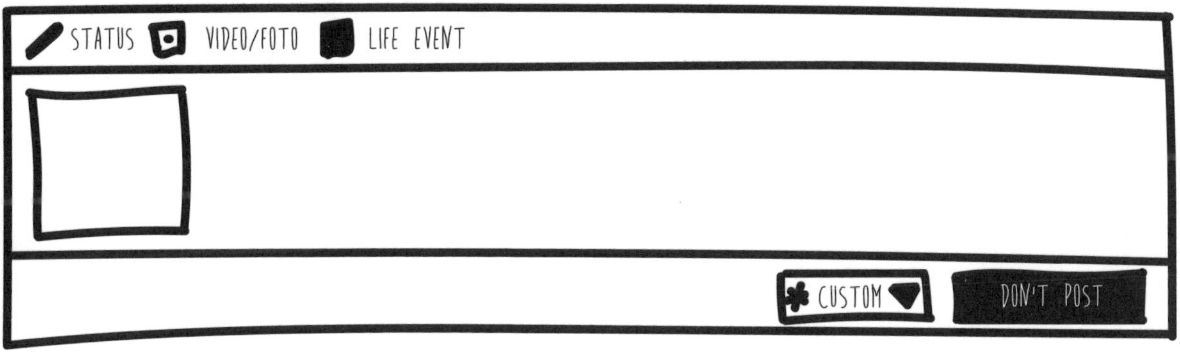

Fühlst du dich jetzt etwas besser?

TUE MEHR HIERVON

240. Ehrlich sein
241. Zuhören
242. VERGEBEN
243. Komplimente machen
244. Helfen
245. TEILEN
246. zuverlässig sein
247. Lieb sein
248. TAKTVOLL SEIN
249. Jemanden küssen
250. Sich kümmern
251. Bescheiden sein
252. verträglich sein
253. GROSSZÜGIG SEIN
254. Schmusen
255. Rücksicht nehmen
256. JEMANDEM DIE SCHNÜRSENKEL BINDEN
257. Herzlich sein

UND WENIGER DAVON!

258. Lügen

259. Aufgeben

260. KRITIK ÄUSSERN

261. KLAGEN

262. MANIPULIEREN

263. brutal sein

264. Lästern

265. Geizig sein

266. über andere urteilen

267. STREIT SUCHEN

268. Eifersüchtig sein

269. angeben

270. SCHLECHT REDEN

271. sich querstellen

272. arrogant sein

273. Habgierig sein

274. HASS VERBREITEN

275. Jemandem ins Gesicht spucken

276. EGOISTISCH SEIN

Fühlst du Negativität aufkommen? Dann zeichne einen Smiley um die entsprechende Ziffer.

DAS RAK-ALPHABET

277. A

278. b

279. C

280. D

281. e

282. F

283. g

284. h

285. I

286. j

287. k

288. L

289. m

290. n

291. O

292. P

293. Q

FÜLLE JEDEN BUCHSTABEN ...

294. r

… MIT EINER GUTEN TAT, …

295. S

296. T

297. U

298. V

299. w

300. X

301. y

302. z

… DIE DU DANN VOLLBRINGEN MUSST.

303.
Sag „danke" und „bitte".

304. GEHE FÜR JEMANDEN EINKAUFEN.

SOS
Hilf jemandem in Not.
305.

306. **Sei geduldig.**

Hilf jemandem beim Umzug.
Auch, wenn das total öde ist.
307.

308.

LASS ANDERE WISSEN, DASS DU EIN RAKTIVIST BIST UND ERMUTIGE SIE, AUCH EINER ZU WERDEN.

309.

SEI LIEB ZU DIR SELBST.

310.

Denke dir einen Festtag für jemanden aus. Nicht sein / ihr Geburtstag, und trage das Glückskind den ganzen Tag auf Händen.

311.

Lass die Tramper nicht an der Straße stehen.

312.

SPENDE FUTTER AN EIN TIERHEIM.

313.

FREU DICH FÜR ANDERE.

314.

SAG DIE WAHRHEIT, AUCH WENN ES NICHT IMMER SCHÖN IST, SIE ZU HÖREN. ABER DURCH VERSCHWEIGEN WIRD ES NICHT BESSER.

315.

Decke den Tisch einmal besonders festlich.

Klar. Ist doch selbstverständlich.

Wenn es draußen eiskalt und glatt ist, biete einer älteren Person Hilfe an.

316.

NOCH MEHR **SPIEGEL**

317.

SPIEGLEIN, SPIEGLEIN AN DER WAND, DU BIST DIE / DER SCHÖNSTE IM GANZEN LAND.

318.

319.

HALLO,
SUPERBRAIN

320.

WOW

DU SIEHST STRAHLEND SCHÖN AUS.

BRIEFE ZUM AUFKLEBEN

321.

322.

verbring' hier nicht so viel zeit. Du bist **schön**, so wie du bist.

Denk dir auch noch welche aus!

323.

fill-in-the-blanks-Liebesbrief

324.

1. NAME DEINER FLAMME 2. JA, WARUM EIGENTLICH? 3. ZAHL 4. POSITIVES GEFÜHL 5. WAS BIST DU? 6. GESCHENK 7. NOCH EIN GESCHENK 8. POSITIVES GEFÜHL 9. EIGENSCHAFT 10. SUPERLATIV 11. WAS FINDEST DU AN IHM / IHR? 12. GEFÜHL 13. AKTIVITÄT 14. AKTIVITÄT 15. KOSENAME

LIEBSTER / LIEBSTE ______________ 1,

ICH SCHREIBE DIR DIESEN BRIEF, WEIL ______________

______________ 2 ♥

NACH __3__ TAGEN / MONATEN / JAHREN BIN ICH NOCH IMMER

______________ 4 DASS WIR ______________ 5.

______________ 6 UND ______________ 7 SIND

SCHÖN, ABER ICH HOFFE, DASS DIESER ALTMODISCHE **Liebesbrief**

DICH AUCH ______________ 8 MACHEN KANN.

ES GIBT ______________ 9 MENSCHEN AUF DIESER ERDE,

ABER DU BIST ______________ 10

ICH FINDE DICH ______________ 11

DANK DIR FÜHLE ICH MICH ______________ 12 VOR ALLEM, WENN DU

______________ 13 ICH WÄRE GLÜCKLICH, WENN

WIR EINMAL ZUSAMMEN ______________ 14 DU AUCH?

WILLST DU FÜR IMMER MEIN ______________ 15 SEIN?

IN LIEBE

____

DAS IST MEIN PARFUM / EIN KUSS.

A LITTLE MORE KINDNESS,
A LITTLE LESS JUDGEMENT.

325.

Überreiche jemandem ein selbstgemachtes Geschenk.

326.

STECKE 50 CENT IN EINEN KAUGUMMIAUTOMATEN UND GEHE WEITER.

Hilf einem Kind mit seinen Hausaufgaben.

327.

328. **Überrasche jemanden!**

329.

STELLE DEN WECKER DEINER MITBEWOHNER HEIMLICH EINE STUNDE FRÜHER, DAMIT SIE NICHT HETZEN MÜSSEN.

330.

Flüstere einem Schmetterling ein „ich liebe dich" zu. Er soll in den Himmel fliegen und deine Botschaft überbringen.

Biete deine Hilfe an. **331.**

332. BRINGE JEMANDEM ZUM LACHEN.

333.

Drehe den Wasserhahn während des Zähneputzens zu.

LASSE DEINE „OPFER" WISSEN, DASS DU EIN RAKTIVIST BIST.

VERTEILE DIE KARTEN, DIE DU AUF DEN FOLGENDEN SEITEN FINDEST, WENN DU ETWAS NETTES GETAN HAST. BITTE DIEJENIGEN DANN, IN KÜRZE AUCH ETWAS NETTES FÜR ANDERE ZU TUN.

Spread kindness!

FINDEST DU DIESES BUCH SO SCHÖN, DASS DU NICHT GENUG DAVON BEKOMMEN KANNST? DANN KANNST DU FOLGENDES TUN:

1. GEH AUF WWW.ELISEDERIJCK.COM FÜR NOCH MEHR SCHÖNE IDEEN.
2. CHECKE #HETRAKBOEK UND #RAKTIVIST UND ENTDECKE, WAS ANDERE RAKTIVISTEN ÜBER DIESES BUCH SAGEN.
3. FOLGE @ABUCKETLISTLIFE AUF FACEBOOK UND INSTAGRAM. (DAS IST DER ACCOUNT DER VORSITZENDEN DES GEHEIMCLUBS DER RAKTIVISTEN)

DIES IST EIN RANDOM ACT OF KINDNESS (RAK)

ZEICHNE HIER EINEN SMILEY, WENN ICH EIN LACHEN AUF DEIN GESICHT GEZAUBERT UND DEINEN TAG VERSCHÖNERT HABE.

ALLES LIEBE,
EIN RAKTIVIST

PS: BITTE TUE DASSELBE FÜR JEMAND ANDERS.

DIES IST EIN RANDOM ACT OF KINDNESS (RAK)

ZEICHNE HIER EINEN SMILEY, WENN ICH EIN LACHEN AUF DEIN GESICHT GEZAUBERT UND DEINEN TAG VERSCHÖNERT HABE.

ALLES LIEBE,
EIN RAKTIVIST

PS: BITTE TUE DASSELBE FÜR JEMAND ANDERS.

DIES IST EIN RANDOM ACT OF KINDNESS (RAK)

ZEICHNE HIER EINEN SMILEY, WENN ICH EIN LACHEN AUF DEIN GESICHT GEZAUBERT UND DEINEN TAG VERSCHÖNERT HABE.

ALLES LIEBE,
EIN RAKTIVIST

PS: BITTE TUE DASSELBE FÜR JEMAND ANDERS.

DIES IST EIN RANDOM ACT OF KINDNESS (RAK)

ZEICHNE HIER EINEN SMILEY, WENN ICH EIN LACHEN AUF DEIN GESICHT GEZAUBERT UND DEINEN TAG VERSCHÖNERT HABE.

ALLES LIEBE,
EIN RAKTIVIST

PS: BITTE TUE DASSELBE FÜR JEMAND ANDERS.

DIES IST EIN RANDOM ACT OF KINDNESS (RAK)

ZEICHNE HIER EINEN SMILEY, WENN ICH EIN LACHEN AUF DEIN GESICHT GEZAUBERT UND DEINEN TAG VERSCHÖNERT HABE.

ALLES LIEBE,
EIN RAKTIVIST

PS: BITTE TUE DASSELBE FÜR JEMAND ANDERS.

DIES IST EIN RANDOM ACT OF KINDNESS (RAK)

ZEICHNE HIER EINEN SMILEY, WENN ICH EIN LACHEN AUF DEIN GESICHT GEZAUBERT UND DEINEN TAG VERSCHÖNERT HABE.

ALLES LIEBE,
EIN RAKTIVIST

PS: BITTE TUE DASSELBE FÜR JEMAND ANDERS.

DIES IST EIN RANDOM ACT OF KINDNESS (RAK)

ZEICHNE HIER EINEN SMILEY, WENN ICH EIN LACHEN AUF DEIN GESICHT GEZAUBERT UND DEINEN TAG VERSCHÖNERT HABE.

ALLES LIEBE,
EIN RAKTIVIST

PS: BITTE TUE DASSELBE FÜR JEMAND ANDERS.

DIES IST EIN RANDOM ACT OF KINDNESS (RAK)

ZEICHNE HIER EINEN SMILEY, WENN ICH EIN LACHEN AUF DEIN GESICHT GEZAUBERT UND DEINEN TAG VERSCHÖNERT HABE.

ALLES LIEBE,
EIN RAKTIVIST

PS: BITTE TUE DASSELBE FÜR JEMAND ANDERS.

DIES IST EIN RANDOM ACT OF KINDNESS (RAK)

ZEICHNE HIER EINEN SMILEY, WENN ICH EIN LACHEN AUF DEIN GESICHT GEZAUBERT UND DEINEN TAG VERSCHÖNERT HABE.

ALLES LIEBE,
EIN RAKTIVIST

PS: BITTE TUE DASSELBE FÜR JEMAND ANDERS.

DIES IST EIN RANDOM ACT OF KINDNESS (RAK)

ZEICHNE HIER EINEN SMILEY, WENN ICH EIN LACHEN AUF DEIN GESICHT GEZAUBERT UND DEINEN TAG VERSCHÖNERT HABE.

ALLES LIEBE,
EIN RAKTIVIST

PS: BITTE TUE DASSELBE FÜR JEMAND ANDERS.

DIES IST EIN RANDOM ACT OF KINDNESS (RAK)

ZEICHNE HIER EINEN SMILEY, WENN ICH EIN LACHEN AUF DEIN GESICHT GEZAUBERT UND DEINEN TAG VERSCHÖNERT HABE.

ALLES LIEBE,
EIN RAKTIVIST

PS: BITTE TUE DASSELBE FÜR JEMAND ANDERS.

DIES IST EIN RANDOM ACT OF KINDNESS (RAK)

ZEICHNE HIER EINEN SMILEY, WENN ICH EIN LACHEN AUF DEIN GESICHT GEZAUBERT UND DEINEN TAG VERSCHÖNERT HABE.

ALLES LIEBE,
EIN RAKTIVIST

PS: BITTE TUE DASSELBE FÜR JEMAND ANDERS.

DIES IST EIN RANDOM ACT OF KINDNESS (RAK)

ZEICHNE HIER EINEN SMILEY, WENN ICH EIN LACHEN AUF DEIN GESICHT GEZAUBERT UND DEINEN TAG VERSCHÖNERT HABE.

ALLES LIEBE,
EIN RAKTIVIST

PS: BITTE TUE DASSELBE FÜR JEMAND ANDERS.

DIES IST EIN RANDOM ACT OF KINDNESS (RAK)

ZEICHNE HIER EINEN SMILEY, WENN ICH EIN LACHEN AUF DEIN GESICHT GEZAUBERT UND DEINEN TAG VERSCHÖNERT HABE.

ALLES LIEBE,
EIN RAKTIVIST

PS: BITTE TUE DASSELBE FÜR JEMAND ANDERS.

DIES IST EIN RANDOM ACT OF KINDNESS (RAK)

ZEICHNE HIER EINEN SMILEY, WENN ICH EIN LACHEN AUF DEIN GESICHT GEZAUBERT UND DEINEN TAG VERSCHÖNERT HABE.

ALLES LIEBE,
EIN RAKTIVIST

PS: BITTE TUE DASSELBE FÜR JEMAND ANDERS.

DIES IST EIN RANDOM ACT OF KINDNESS (RAK)

ZEICHNE HIER EINEN SMILEY, WENN ICH EIN LACHEN AUF DEIN GESICHT GEZAUBERT UND DEINEN TAG VERSCHÖNERT HABE.

ALLES LIEBE,
EIN RAKTIVIST

PS: BITTE TUE DASSELBE FÜR JEMAND ANDERS.

WIE GROSS IST DEIN HERZ?

MALE EIN HERZ AUS FÜR JEDEN RAK, DEN DU AUSGEFÜHRT HAST.

PLAZA

IST EIN IMPRINT DER

HEEL VERLAG GMBH
GUT POTTSCHEIDT
53639 KÖNIGSWINTER
TEL.: 02223 9230-0
FAX: 02223 9230-13
E-MAIL: INFO@HEEL-VERLAG.DE
WWW.HEEL-VERLAG.DE

ORIGINALTITEL:
HET RAK BOEK - RANDOM ACTS OF KINDNESS. 333 MANIEREN OM DE WERELD TE VERBETEREN
ORIGINAL-ISBN 978-94-014-3707-3

TEXT UND GESTALTUNG: ELISE DE RIJCK
WWW.ELISEDERIJKCK.COM

DEUTSCHE AUSGABE:
SATZ: STEFAN WITTERHOLD, HEEL VERLAG GMBH
ÜBERSETZUNG UND PROJEKTLEITUNG: CHRISTINE BIRNBAUM UND ULRIKE REIHN-HAMBURGER

PRINTED IN CZECH REPUBLIC

ISBN 978-3-95843-755-5